John M. Drescher

D1721548

Ich hebe meine Augen auf...

Gebete und Gedanken

**TELOS
AGAPE-SERIE**

Verlag der Francke-Buchhandlung GmbH
Marburg an der Lahn

VORWORT

Im Jakobusbrief Kapitel 5, Vers 13, heißt es: ,,Leidet jemand unter euch, dann bete er.'' Dies ist ein guter und hilfreicher Ratschlag. Ärzte, Krankenschwestern und Seelsorger werden von Gott gebraucht, um großen Segen zu bringen und die Bedingungen zu schaffen, unter denen Heilung stattfinden kann. Gott ist es jedoch, der unseren Leib, unsere Seele und unseren Geist heilt. Wir vertrauen auf ihn, den allwissenden und allweisen Gott, der unsere Nöte und unser Verlangen vollkommen versteht.

In Krankheit erfahren wir Schmerz und Leid. Gleichzeitig sind wir für die Gefühle der Leere, der Einsamkeit und der Hilflosigkeit empfänglich. Wenn der Körper ruht, beginnt der Geist zu arbeiten. Zweifel und Ängste können entstehen. Wir brauchen eine neue Erfahrung der Gegenwart und Güte Gottes. Deshalb ermutigte uns die Bibel zu beten.

Der christliche Glaube lehrt nicht, daß Krankheit und Schmerz Gottes Wille sind. Er lehrt jedoch, daß Leid und sogar Unglück zur Verherrlichung Gottes und zu unserem Besten dienen können. Sie können uns aufrütteln aus geistiger Gleichgültigkeit. Sie können uns Gott näher bringen und unser Leben bereichern.

Vielleicht haben Sie die Erfahrung gemacht, daß es Ihnen schwer fällt zu beten, wenn Sie krank sind. Sie möchten beten, aber Sie finden keine Worte. Dieses kleine Buch soll helfen, das Verlangen der großen Zahl derer, die Leid tragen oder ans Bett gefesselt sind, in Worte des Gebets zu fassen.

John M. Drescher

WARUM DIESES LEID?

Hiob antwortete und sprach: ,,Auch heute lehnt sich meine Klage auf; seine Hand drückt schwer, daß ich seufzen muß. Ach daß ich wüßte, wie ich ihn finden und zu seinem Thron kommen könnte! . . . Würde er mit großer Macht mit mir rechten? Nein, er würde selbst achthaben auf mich." Hiob 23, 1—3 u. 6.

* * *

Nehmt euch, liebe Brüder, das Leiden und die Geduld der Propheten, die im Namen des Herrn geredet haben, zum Vorbild. Siehe, wir preisen die selig, die erduldet haben. Von der Geduld Hiobs habt ihr gehört und habt das Ende gesehen, das der Herr ihm bereitet hat; denn der Herr ist voll Mitleid und Erbarmen. Jakobus 5, 10—11.

* * *

Mein Gott und mein Heiland, du kennst meine Gedanken. Du kennst all meine Wege. Du weißt, was ich gerade jetzt empfinde. Ich bin verwirrt. Ich frage, warum es gerade mich getroffen hat. Ich wende mich in meiner größten Not zu dir und bringe dir meine Probleme.

Ich danke dir dafür, daß selbst in diesem Unglück und Leid deine Liebe sich niemals verändert. Vergib mir, daß ich dich nicht gesucht habe, so wie ich es hätte tun sollen, als ich gesund war und alles gut ging. Laß mich jetzt in dieser Zeit des Leidens und des Schmerzes deine Gegenwart spüren.

Befreie mich von meiner Trübsal und meinem Zweifel. Stärke mich mit der Gewißheit, daß du bei mir bist. Laß mich spüren, daß ich stets von deinen Armen getragen werde.

Wenn ich auch meine Krankheit oder das, was vor mir liegt, nicht verstehe, so gib mir doch den inneren Frieden, der dem vollen Glauben an deine bewahrende Kraft entspringt und zur Heilung notwendig ist. Ich danke dir, Vater. Ich bete dies in Jesu Namen. Amen.

* * *

Herr, ich bin niedergeschlagen, und meine Seele ist betrübt, denn das gegenwärtige Leid hat mich in Angst und Furcht versetzt. Und jetzt, geliebter Vater, was soll ich sagen? Ich bin in Bedrängnis. Bewahre mich vor dieser Stunde. Aber deshalb bin ich in diese Stunde gekommen, damit du verherrlicht werdest . . .

Ich bitte dich, Herr, mir zu glauben; denn arm und verlassen wie ich bin, was kann ich tun? Und wohin soll ich gehen ohne dich? Herr, sei mir noch einmal gnädig. Hilf mir, mein Gott, und ich werde mich nicht fürchten, wie sehr ich auch leiden mag. Und was soll ich nun sagen, inmitten meines Unglücks?

Herr, dein Wille geschehe . . . Ich bin krank und niedergeschlagen. Ich erkenne, daß ich mein Leid ertragen soll. Gib, daß ich es mit Geduld trage, bis der Sturm vorüber und alles wieder besser ist. Amen.

Thomas a Kempis

GOTTES LIEBE IST IMMER GLEICH

Nach dir, Herr, verlanget mich . . . Gedenke, Herr, an deine Barmherzigkeit und an deine Güte, die von Ewigkeit her gewesen sind. Gedenke nicht der Sünde meiner Jugend und meiner Übertretungen, gedenke aber meiner nach deiner Barmherzigkeit, Herr, um deiner Güte willen! . . . Wende dich zu mir und sei mir gnädig; denn ich bin einsam und elend. Die Angst meines Herzens ist groß; führe mich aus meinen Nöten! Sieh an meinen Jammer und mein Elend und vergib mir alle meine Sünden.

Psalm 25, 1,6,7,16—18.

Der Herr ist mein Licht und mein Heil; vor wem sollte ich mich fürchten? Der Herr ist meines Lebens Kraft; vor wem sollte mir grauen? . . . Denn er deckt mich in seiner Hütte zur bösen Zeit, er birgt mich im Schutz seines Zeltes und erhöht mich auf einen Felsen . . . Denn mein Vater und meine Mutter verlassen mich, aber der Herr nimmt mich auf. . . . Harre des Herrn! Sei getrost und unverzagt und harre des Herrn!

Psalm 27, 1,5,10,14.

Mein Gott und Heiland, deine Hand hat mich gemacht. Ich danke dir, daß du mich in all den Jahren erhalten und bewahrt hast. Hilf mir zu erkennen, daß du mich in dieser dunklen und gefährlichen Stunde nicht verlassen wirst.

Ich weiß, du willst das beste für mich. Schenke mir ein Herz, das auf deine Liebe vertraut, und einen Geist, der sich deiner allwissenden Obhut anvertraut. Mein Gott und Vater, ich danke dir für deine beständige Fürsorge und deine Liebe, die niemals aufhört. So wie du mich in guten Zeiten mit frischem Wasser erquickt hast, so laß mich auch jetzt deine Nähe in den reißenden Fluten spüren. So wie du mich gestützt hast, als das Leben leicht zu ertragen war, so stütze mich auch jetzt in dieser schweren Zeit. Laß mich die Sicherheit in deinen Armen spüren, die mich umschließen, und deine stärkende Kraft erfahren.

Vergib mir die treulosen Tage meines Lebens. Und hilf mir, in diesen Stunden des Leides und der Einsamkeit, mich selbst und vor allen Dingen dich und deinen Willen besser zu erkennen. Ich weiß, du hast mich nicht verlassen. Gib mir die Kraft, dich niemals zu verlassen. In Jesu Namen. Amen.

Du, o Herr, bist der Helfer der Hilflosen, die Hoffnung der Hoffnungslosen, der Retter derer, die im Sturm dahintreiben, der sichere Hafen der Seeleute auf dem Meer des Lebens: sei du alles in allem.

Die mächtige Herrlichkeit Gottes sei über uns; segne du die Werke unserer Hände. O segne du unsere Arbeit. Herr, sei du in uns, um uns zu stärken; über uns, um uns zu bewahren; unter uns, um uns zu stützen; vor uns, um uns zu leiten; hinter uns, um uns davor zu bewahren, vom Weg abzuirren; um uns herum, um uns zu beschützen. Gesegnet seist du, o Herr, unser Vater, in alle Ewigkeit. Amen. Lancelot Andrewes

* * *

Du allein steuerst mein Boot auf seiner langen Reise und gibst besonders acht, wenn es in eine stärkere Strömung oder einen gefährlichen Wasserfall gerät. Du sorgst auf allen Wegen meines Lebens für die Erhaltung meines Leibes, richte deine Augen in Todesgefahren noch mehr auf mich und gib, daß durch deine Vorsehung keine Krankheit oder Todesangst meine Seele erschüttert oder betäubt. Bereite du mein Lager in Krankheit in einer Weise, daß ich, an deine Hand gewöhnt, mit jedem Lager, das du mir bereitest, zufrieden bin. John Donne

GOTT KENNT MEINE BEDÜRFNISSE

Der Herr ist mein Hirte, mir wird nichts mangeln. Er weidet mich auf einer grünen Aue und führet mich zum frischen Wasser. Er erquicket meine Seele. Er führet mich auf rechter Straße um seines Namens willen. Und ob ich schon wanderte im finsteren Tal, fürchte ich kein Unglück; denn du bist bei mir, dein Stecken und Stab trösten mich. Du bereitest vor mir einen Tisch im Angesicht meiner Feinde. Du salbest mein Haupt mit Öl und schenkest mir voll ein. Gutes und Barmherzigkeit werden mir folgen mein Leben lang, und ich werde bleiben im Hause des Herrn immerdar. Psalm 23.

Mein Gott und Vater, ich danke dir, daß ich weiß, daß du jetzt bei mir bist. Ich kann mich nicht so rühren, wie ich es gerne möchte. Aber ich kann mit dir sprechen und wissen, daß du mir jetzt ebenso nahe bist, wie zu Zeiten der Gesundheit.

Keines meiner Bedürfnisse entgeht deinem Blick. Keiner meiner Gedanken ist dir unbekannt. Kein Schmerz oder Gefühl der Unruhe liegt außerhalb deiner Reichweite.

Ich bitte dich, vergib mir für die Zeiten, da ich außerhalb deines Willens wandelte, für die Tage, da ich deine Hilfe nicht suchte. Reinige mein Herz und meinen Sinn von der Furcht, die Heilung verhindert, von den Zweifeln, die mich davon abhalten, an dich und andere zu glauben.

Gib mir durch deinen Heiligen Geist das Vertrauen, das ich zur Wiederherstellung meiner Kraft und zur Erneuerung des Glaubens an deine Güte und Liebe brauche.

* * *

O heiliger Jesus, du bist ein barmherziger Hoherpriester und kennst unsere Schwächen; du kennst die Qual meiner Krankheit und die Schwachheit meiner Person. Dunkle Wolken umgeben mich . . . Ich sehe die Dinge mit anderen Augen als zuvor. Herr, stärke mich durch deine Barmherzigkeit, leite mich durch deinen Geist und führe mich sicher durch das Tal des Todes, auf daß ich geduldig, heilig und mit vollkommener Ergebenheit hindurchgehe. Gib mir die Freude im Herrn, in der Hoffnung seiner Vergebung, in der Erwartung der Herrlichkeit, in der Gewißheit seiner Barmherzigkeit, in der Erquickung deines Geistes, im Sieg über alle Versuchungen. Amen.   Jeremy Taylor

Schenke mir heitere Ruhe, um die Dinge anzunehmen, die ich nicht ändern kann, Mut, um die Dinge zu ändern, die ich ändern kann, und Weisheit, um den Unterschied zu erkennen. Amen.   Reinhold Niebuhr

* * *

O Herr, einst kamen sie von nah und fern
* dein Wort zu hören und deine Kraft zu spüren.*
Laß auch heute die Sünder zu dir kommen
* und nimm uns in Gnaden auf.*

Die Gesunden, so hast du gesagt,
* brauchen keinen Arzt.*
Ich aber bin krank und brauche deine Hilfe,
* deine starke Kraft mich zu erretten.*

Deine Kraft, deine Wahrheit und göttliche Liebe
* bleiben zu allen Zeiten bestehn.*
Nur ein Wort, ein gnädiges Wort von dir
* kann die hartnäckigste Krankheit heilen.*

Laß dies die angenehme Zeit dir sein —
Komm, o du Arzt meiner Seele,
* wirke du durch deine heiligende Kraft*
* und zeige mir heute dein Heil.*

Charles Wesley

Allmächtiger Gott, ich weiß, daß du Böses zum Guten gereichen lassen kannst und anderen geholfen hast, ihr Leid als ein Mittel zur Vorbereitung auf größere Dinge zu gebrauchen.

Herr, sei mir nahe und hilf mir, mich nicht gegen all die Dinge aufzulehnen, die in meinem Leben geschehen. Gib mir Kraft und innere Ruhe, um mich über Schmerzen und Schwierigkeiten emporzuschwingen und das Vertrauen zu haben, daß du mir durch alles hindurch Kraft geben wirst.

Gib, daß ich dir meine eigenen Nöte und Probleme übergebe, so daß in meinem Herzen noch Raum ist, um für die Nöte und Probleme anderer Menschen Zeit und Mitleid zu haben. Amen.

Brian Hession

* * *

O Gott, hilf uns zu glauben, daß es kein Unglück gibt, das du nicht zum Guten wenden kannst, daß nichts so schlimm werden kann, daß du es nicht mehr retten könntest, kein Unheil, das du nicht wiedergutmachen kannst, keine Dornen, und sind sie noch so spitz, die du nicht zu einer Krone machen könntest . . .

So hilf uns denn, ein festes Herz, ruhige Nerven und einen treuen Glauben zu bewahren, im Namen dessen, der die Menschen geheilt und befreit hat. Durch Jesus Christus unsern Herrn. Amen.

Leslie D. Weatherhead

* * *

Es gibt keinen anderen unter dem Himmel, der mich trösten kann, außer dir, o Herr, mein Gott, himmlischer Arzt der Seelen . . .

Du weißt alles und kennst alle, und es gibt nichts im Gewissen der Menschen, das dir verborgen wäre. Du kennst die Zukunft, und niemand braucht dir zu sagen oder dich zu lehren, was hier auf Erden geschieht.

Du weißt, was meiner Entwicklung dient und wie nützlich das Leiden ist, um den Rost der Sünde zu vertilgen. Wirke an mir nach deinem Wohlgefallen und verschmähe nicht mein sündiges Leben, das niemand so gut und so genau kennt, wie du allein. Amen.

Thomas a Kempis

LEID KANN ZUM GEISTLICHEN SEGEN WERDEN

Herr, mein Gott, als ich schrie zu dir, da machtest du mich gesund.

Psalm 30,3

* * *

Ich hebe meine Augen auf zu den Bergen. Woher kommt mir Hilfe? Meine Hilfe kommt vom Herrn, der Himmel und Erde gemacht hat. Er wird deinen Fuß nicht gleiten lassen, und der dich behütet, schläft nicht. Siehe, der Hüter Israels schläft und schlummert nicht. Der Herr behütet dich; der Herr ist dein Schatten über deiner rechten Hand, daß dich des Tages die Sonne nicht steche noch der Mond des Nachts. Der Herr behüte dich vor allem Übel, er behüte deine Seele. Der Herr behüte deinen Ausgang und Eingang von nun an bis in alle Ewigkeit! Psalm 121.

* * *

Ich erbitte von dir weder Gesundheit noch Krankheit, weder Leben noch Tod, sondern daß meine Gesundheit, meine Krankheit, mein Leben und mein Tod zu deiner Verherrlichung, zu meiner Errettung und zum Segen der Gemeinde gereichen möge . . .

Du allein weißt, was für mich am besten ist: du bist der höchste Herr, wirke nach deinem Willen. Gib mir oder nimm von mir — aber laß meinen Willen mit dem deinen eins werden . . .

Herr, ich weiß, daß ich nur eines weiß: daß es gut ist, dir zu folgen, und schlecht, gegen dich zu sündigen. Darüberhinaus weiß ich nicht, was das beste oder schlechteste in irgendeiner Beziehung ist. Ich weiß nicht, ob Gesundheit oder Krankheit, Reichtum oder Armut von größerem Gewinn für mich wären . . .

Deshalb gib, o Herr, daß ich gerade so, wie ich bin, mich deinem Willen füge und daß ich, krank wie ich bin, durch meine Leiden dich verherrlichen möge.

Blaise Pascal

Heile uns, Immanuel, hör' unser Flehn;
Wir warten deine Kraft zu spürn,
  und kommen, Heiland, nun zu dir,
  denn Seelen voller Wunden, das sind wir.

Unser Glaube ist schwach, wir können kaum gehn,
  denn es fehlt uns ein tiefes Vertrauen in dein Wort.
Doch wolltest du uns deshalb weniger Gnade nicht zugestehn,
  das sei ferne von dir, Herr, du unser Hort.

Auch der Frau, die in der Menge dich berührte,
  wurde deine heilende Kraft zuteil.
Als Antwort sprachst du: Geh hin in Frieden
  dein Glaube hat dich geheilt.

Voller Krankheit und Angst kommen wir zu dir, lieber Heiland,
  um dich zu berühren, so wie sie.
O laß uns nicht leer ausgehn, streck' aus deine heilende Hand,
  denn voller Hoffnung stehen wir vor dir.

William Cowper

* * *

Leite mich, du freundliches Licht,
  inmitten der finsteren Nacht.
Ich gehe im Dunkeln und fürchte mich,
  denn auf dem Weg lauert dunkle Macht.

Bewahre meinen Fuß Schritt für Schritt,
  das ist alles, was ich erbitt;
In die ferne Zukunft will ich nicht sehn,
  denn im Vertrauen auf dich will ich vorwärtsgehn.

So lange hat deine Kraft mich erhalten,
  und ich weiß, sie wird mich auch führ'n
in dieser dunklen Nacht —
  bis der Morgen erwacht.

Und dann, wenn die strahlende Sonne sich wird erheben,
  leuchtet das Antlitz jener Engel mir entgegen,
  die so lange geliebt und gekannt,
  und nur eine kleine Weile aus meinen Augen verschwanden.

John Henry Newman

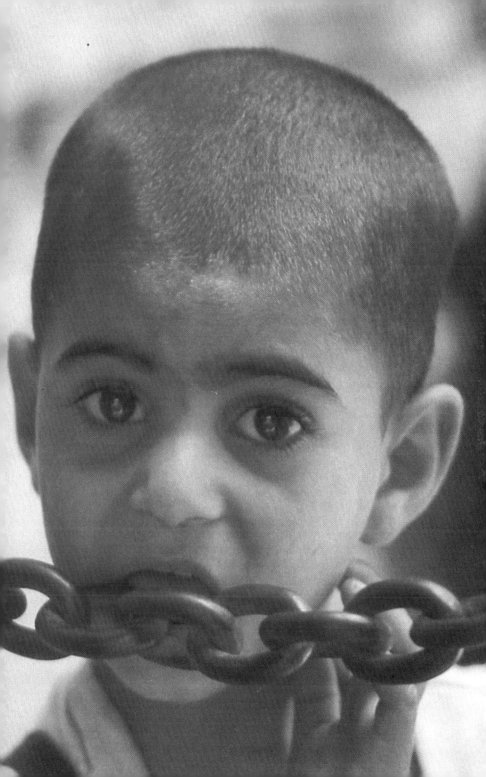

NIMM ALLE ANGST UND FURCHT VON MIR

Als ich den Herrn suchte, antwortete er mir und errettete mich aus all meiner Furcht . . . Als einer im Elend rief, hörte der Herr und half ihm aus all seinen Nöten. Psalm 34, 5 u. 7.

* * *

Sorgt euch um nichts, sondern in allen Dingen laßt eure Bitten in Gebet und Flehen mit Danksagung vor Gott kommen! Und der Friede Gottes, der höher ist als alle Vernunft, wird eure Herzen und Gedanken bewahren in Christus Jesus. Philipper 4, 6—7.

* * *

Gott, du bist mein Gott, den ich suche. Es dürstet meine Seele nach dir, mein ganzer Mensch verlangt nach dir aus trockenem, dürrem Land, wo kein Wasser ist. So schaue ich aus nach dir in deinem Heiligtum, wollte gerne sehen deine Macht und Herrlichkeit. Denn deine Güte ist besser als Leben; meine Lippen preisen dich. So will ich dich loben mein Leben lang und meine Hände in deinem Namen aufheben. Das ist meines Herzens Freude und Wonne, wenn ich dich mit fröhlichem Munde loben kann; wenn ich mich zu Bett lege, so denke ich an dich, wenn ich wach liege, sinne ich über dich nach. Denn du bist mein Helfer, und unter dem Schatten deiner Flügel frohlocke ich. Meine Seele hängt an dir; deine rechte Hand hält mich. Psalm 63, 2—9.

* * *

O Gott, mein Vater, ich weiß, daß du durch viele Umstände und Menschen wirkst. Möge meine gegenwärtige Lage zu deiner Verherrlichung und zu meinem Besten dienen. Wirke du durch die Ärzte, Krankenschwestern, Seelsorger und Freunde. Segne diese Menschen alle mit besonderer Weisheit und Einsicht. Lehre uns alle durch diese Erfahrung, den Hilfsbedürftigen wirksamer zu dienen.

Ich danke dir für deine ständige Fürsorge und bitte dich, befreie mich von aller Angst oder Furcht. Lehre mich, mehr und mehr im Vertrauen darauf zu ruhen, daß du niemals aufhörst, für mich zu sorgen. Durch Jesus Christus unsern Herrn. Amen.

GEBETE DES LOBPREISES UND DER FREUDIGEN ZUVERSICHT

Ich liebe den Herrn, denn er hört die Stimme meines Flehens. Er neigte sein Ohr zu mir; darum will ich mein Leben lang ihn anrufen. Stricke des Todes hatten mich umfangen, des Totenreichs Schrecken hatten mich getroffen; ich kam in Jammer und Not. Aber ich rief an den Namen des Herrn: Ach, Herr, errette mich! Der Herr ist gnädig und gerecht, und unser Gott ist barmherzig. Der Herr behütet die Unmündigen; wenn ich schwach bin, so hilft er mir.

Sei nun wieder zufrieden, meine Seele; denn der Herr tut dir Gutes. Denn du hast meine Seele vom Tode errettet, mein Auge von den Tränen, meinen Fuß vom Gleiten. Ich werde wandeln vor dem Herrn im Lande der Lebendigen. Psalm 116, 1-9.

* * *

Sei mir gnädig, Gott, sei mir gnädig! Denn auf dich traut meine Seele, und unter dem Schatten deiner Flügel habe ich Zuflucht, bis das Unglück vorübergehe. Ich rufe zu Gott, dem Allerhöchsten, zu Gott, der meine Sache zum guten Ende führt. Psalm 57, 2—3.

* * *

Hoffe auf den Herrn und tu Gutes, bleibe im Lande und nähre dich redlich. Habe deine Lust am Herrn; der wird dir geben, was dein Herz wünscht. Befiehl dem Herrn deine Wege und hoffe auf ihn, er wird's wohl machen und wird deine Gerechtigkeit heraufführen wie das Licht und dein Recht wie den Mittag. Sei stille dem Herrn und warte auf ihn. Entrüste dich nicht über den, dem es gut geht, der seinen Mutwillen treibt. Psalm 37, 3—7.

* * *

Herr, auf dich traue ich, laß mich nimmermehr zuschanden werden,
errette mich durch deine Gerechtigkeit! Neige deine Ohren zu mir, hilf
mir eilends! Sei mir ein starker Fels und eine Burg, daß du mir helfest!
Denn du bist mein Fels und meine Burg, und um deines Namens willen
wolltest du mich leiten und führen . . . In deine Hände befehle ich mei-
nen Geist; du hast mich erlöst, Herr, du treuer Gott . . . Ich aber, Herr,
hoffe auf dich und spreche: Du bist mein Gott! Meine Zeit steht in deinen
Händen. Errette mich von der Hand meiner Feinde und von denen, die
mich verfolgen . . . Wie groß ist deine Güte, Herr, die du bewahrt hast
denen, die dich fürchten, und erweisest vor den Leuten denen, die auf
dich trauen! Psalm 31, 2,3,4,6,15,16,20.

* * *

Gib uns, o Herr, die Würde inneren Glücks und die heitere Ruhe, die
dem Leben in deiner Nähe entspringt. Erneuere täglich das Gefühl der
Freude in uns und laß den ewigen Geist des Vaters in unserer Seele und in
unserem Leib wohnen, damit er jeden Winkel unseres Herzens mit Licht
und Gnade erfülle, auf daß wir anderen Zuversicht und Leben weiterge-
ben, allen Nöten und Schwierigkeiten tapfer und frohen Herzens begeg-
nen und dir dabei allezeit und für alle Dinge sagen mögen. Amen.

Robert Louis Stevenson

* * *

Die Heilung seines saumlosen Kleides
umgibt uns in Zeiten der Schmerzen und Pein.
Berühren wir ihn in der Schwachheit unseres Leides,
so werden wir wieder heil.

J. G. Whittier

* * *

Dank sei dir, Herr Jesus Christus,
    für all die Wohltaten, die du mir erkauft hast,
    für all die Schmerzen und Schmähungen,
    die du für mich ertragen hast.
O barmherziger Erlöser, Freund und Bruder,
    gib, daß ich dich mehr und mehr erkenne,
    dich inniger liebe
    und dir in größerer Treue folge:
Jetzt und in alle Ewigkeit. Amen.

Hl. Richard von Chichester

TELOS-AGAPE-SERIE

Vier willkommene „Mitbringsel" für Besuche bei Kranken und Leidtragenden. Die Texte machen Mut, geben neue Hoffnung und weisen auf den hin, der alles Leid getragen hat.

In dieser Serie erschienen folgende Hefte:

ISBN 3-88224-178-0

TELOS-Nr. 2126

Alle Rechte vorbehalten

Originaltitel: I LIFT MY EYES

© der Texte bei Herald Press, Scottdale, Pennsylvania

© der deutschsprachigen Ausgabe 1980 bei Verlag der Francke-Buchhandlung GmbH, 3550 Marburg an der Lahn

Konzeption und Übersetzung: Litera, Wiesbaden

Gesamtherstellung: Coprint GmbH, Wiesbaden